AF717165

Rosmarin
THYMIAN
yum!
Süßer
Senf
yum!
WHISKEY
Aprikose

Unsere besten Rezepte für den Thermomix®

Rezepte, Texte und Fotos von
Theres & Benjamin Pluppins

Die Rezepte und Tipps in diesem Buch wurden von Theres und Benjamin Pluppins erdacht, erprobt und aufgeschrieben. Sie entstanden frei vom Hersteller der Geräte.

Thermomix® ist ein eingetragenes Markenzeichen der Vorwerk-Gruppe.

Bassermann

Unser erstes Kochbuch

Dürfen wir uns vorstellen? Wir sind Theres & Benjamin Pluppins!

Seit 2012 sind wir ein Paar und uns verband von Anfang an die Liebe zum Kochen. Wir haben ziemlich schnell feststellen dürfen, dass wir dies nicht nur, jeder für sich, gerne tun, sondern auch gemeinsam. Aus diesem Hobby, dieser Passion, ist im Februar 2014 unser gemeinsamer Foodblog www.gernekochen.de entstanden, den wir regelmäßig mit allerlei Leckereien aus den Küchen dieser Welt füllen.

Angefangen hat das Ganze aus einer Laune heraus! Wir haben Kochbücher gesammelt und gerne Foodblogs gelesen und uns daraus auch Ideen für unser gemeinsames Kochen geholt. So kam es dann, dass wir uns irgendwann dachten, wieso machen wir nicht selber einen Blog? Auch wenn es nur 10 Leute sind, die vielleicht mal drauf schauen, haben wir unsere Rezepte immerhin schon mit 10 Menschen geteilt und vielleicht schreibt uns diese Person dann auch noch, dass es geschmeckt hat ... Zu dieser Zeit hätten wir nicht mal zu träumen gewagt, was in den zwei weiteren Jahren so alles passieren sollte.

Im Sommer dieses Jahres bekamen wir eine E-Mail aus München von Anja aus dem Bassermann Verlag. Im ersten Augenblick dachten wir, uns will jemand ärgern oder reinlegen. Doch spätestens nach dem ersten Telefonat wurde klar, es ist ernst! Der Bassermann Verlag möchte ein Kochbuch von uns, mit unseren besten Rezepten für den Thermomix®. Nachdem wir uns freuten wie Bolle, haben wir uns sehr zügig an die Arbeit mit unserem TM5 gemacht, denn schließlich musste viel gekocht, gemixt, gedämpft, fotografiert, gegessen und geschrieben werden. Es flogen Ideen wieder raus, neue kamen rein und so füllten sich nach und nach die Seiten. Und nur was uns wirklich richtig gut geschmeckt hat, hat auch den Weg in dieses Kochbuch gefunden. Wir hatten Rezepte, die wir an den Thermomix® anpassen mussten, ein paar unserer Klassiker und auch sehr viele Rezepte, die wir in stundenlangen Versuchen für dieses Kochbuch entwickelt haben. So können wir heute sagen, wir haben unsere besten Rezepte für den Thermomix hier versammelt und sind mächtig stolz darauf! Es steckt so viel Arbeit und Herzblut in unserem ersten Werk und wir freuen uns riesig, wenn es euch so gut gefällt wie uns.

Aber nun erstmal ran an den Mixtopf und Rumprobieren!
Wir wünschen euch ganz viel Spaß und leckere Gerichte!

Loss et üch Schmecke!

P. S.: Wir freuen uns natürlich über jede Zuschrift die uns über unseren Blog, Facebook, Instagram oder einfach auch per Mail an info@gernekochen.de erreicht.

Theres + Benni

Hinweise zu den Rezepten

* Unsere Rezepte sind absolut alltagstauglich, einfach nachzukochen und superlecker.

* Wir haben zwar vier Schwierigkeitsgrade angegeben, aber wirklich kompliziert ist keines unserer Gerichte. Es muss nur manchmal etwas mehr geschnippelt und gerührt werden.

* Alle Maßangaben sind in Gramm, weil wir alles über die Wiegefunktion des Thermomix® machen.

* Die Zeitangaben bei den Backrezepten sind die, die für unseren Backofen gelten. Die Temperaturen in Backöfen sind jedoch sehr unterschiedlich. Daher das Backgut im Auge behalten. Die Garprobe zeigt, ob der Backprozess beendet werden kann: Dafür ein Holzstäbchen in den Teig stechen und wieder herausziehen. Klebt kein Teig daran, ist das Backwerk fertig.

* Die Mengenangaben Teelöffel (TL) und Esslöffel (EL) beziehen sich auf leicht gehäufte Löffel. Soll es ein gestrichener TL oder EL sein, so ist dies extra vermerkt.

* Bei der Verwendung von Zitronenschale darauf achten, dass auch Bio-Zitronen dafür sehr gut abgeschrubbt werden müssen.

* Wir verwenden bei süßen Gerichten ab und zu Vanilleextrakt. Er kann durch die gleiche Menge (gestrichener TL) Vanillepaste ersetzt werden.

Inhalt

Unsere Rezepte

Unsere **10 goldenen Tipps** rund um den Thermomix®

1 Nichts Wegschmeißen

Der Thermomix® eignet sich super um übrig Gebliebenes zu verwenden. Aus Obst wird in Windeseile ein Smoothie, ein Fruchtaufstrich oder ein Shake. Aus Gemüse macht ihr eigenes Brühpulver usw.

2 Reinigung

Den Thermomix® mit Wasser füllen, bis es ca. 1 cm über den Klingen steht. Ein paar Tropfen Spülmittel hinein, 1 Minute/80 °C/Stufe 5 und danach sollte alles wieder sauber sein.

3 Trocknen

Wenn ein Salz, Gewürz oder auch ein Zucker hergestellt werden soll, ist es unheimlich wichtig, dass alles trocken ist. Deswegen den frisch gespülten Topf kurz 10 Sekunden/Stufe 10 laufen lassen und danach nochmal abtrocknen. Dabei sollten sich alle Tropfen vom Messer lösen.

4 Überkochen vermeiden

Sollte der Thermomix® drohen überzukochen, lässt sich dies meist verhindern indem man ihn kurz 1–2 Stufen schneller stellt oder die Temperatur für einen Augenblick auf 90 °C senkt.

5 Hackfleisch, Tatar oder Schabefleisch selbst machen

Bis zu 400 g Fleisch in ca. 2 cm große Würfel schneiden und mindestens eine Stunde einfrieren. Anschließend 4 mal 6 Sekunden/Stufe 6 mixen und fertig.

6 Teigreste entfernen

Gerade wenn ihr Teig im Thermomix® zubereitet, bleibt davon gerne etwas an dem Messer hängen. Nachdem ihr den Teig so weit entfernt habt, einfach für 2–3 Sekunden/Stufe 10 stellen und das Meiste sollte nun an den Topfwänden hängen und lässt sich prima entfernen. Um euch das Herausnehmen des Teiges zu erleichtern, stellt ihr den Mixtopf einfach auf den Kopf und dreht das Messer ein wenig hin und her. Die Schwerkraft erledigt den Rest für euch.

7 Angebrannter Boden

Sollte etwas angebrannt sein und ihr bekommt es nicht gelöst. Einen Spülmaschinentab und 1 l Wasser in den Thermomix® geben und für 20 Minuten/80 °C/Stufe 1 laufen lassen. Danach sollte sich alles gelöst haben.

8 Varoma

Der Varoma ist nicht nur ein prima Dampfgarer, er dient auch wunderbar als Nudelsieb. Der Einlegeboden ersetzt sogar ein Spätzlesieb!

9 Sterilisieren

Babyflaschen oder auch Schnuller in den Varoma geben und 20 Minuten/Varoma/Stufe 1 laufen lassen.

10 Essen aufwärmen

Teller oder Schüssel mit dem Essen in den Varoma geben und 15 Minuten/Varoma/Stufe 1 laufen lassen. Danach sollte euer Gericht wieder bereit zum Verzehr sein! Das funktioniert vor allem gut bei Resten vom Grillen!

Unsere Rezepte

Gerne KOCHEN.de

Theres' & Bennis FOODBLOG

FLADENBROT
– schnell zubereitet

Zubereitungszeit: ca. 20 Minuten + 40 Minuten Gehzeiten + 20 Minuten Backzeit |
Schwierigkeitsgrad: ✗✗ | Backblech

Zum Grillen kommt bei uns meistens Fladenbrot mit auf den Tisch. Wir können uns hier glücklich schätzen, einen guten türkischen Bäcker in der direkten Nachbarschaft zu haben, der ein fantastisches Fladenbrot bäckt. Aber manchmal ist halt Feiertag und wenn man dann vergessen hat, das Brot zu besorgen, steht man da. Unser Fladenbrot ist schnell gemacht und kann geschmacklich voll mit dem türkischen Bäcker mithalten. Viel Spaß beim Nachbacken!

Für den Teig
210 g Milch
210 g lauwarmes Wasser
15 g Zucker
1½ TL Salz
1 Päckchen Trockenhefe oder ½ Würfel Frischhefe
200 g Mehl Type 550
450 g Mehl Type 405

Zum Bestreichen
2 EL Öl
1 EL Milch
Sesam und Schwarzkümmel

1 **Für den Teig** Milch, Wasser, Zucker, Salz und Hefe im Mixtopf verrühren: **2 Minuten/37 °C/Stufe 2**

2 Beide Mehlsorten hinzugeben und zu einem glatten Teig verkneten: **3 Minuten/Teigstufe**. Der Teig ist gut, wenn er sich relativ gut aus dem Mixtopf lösen lässt. Den Teig in eine Schüssel umfüllen und 10 Minuten abgedeckt an einem warmen Ort gehen lassen.

3 Den Teig noch einmal mit den Händen gut durchkneten und zu einer Kugel formen. Diese auf eine bemehlte Fläche legen und ca. 1 cm dick zu einem länglichen Teigfladen ausrollen. Auf das mit Backpapier vorbereitete Blech geben und 30 Minuten gehen lassen. Den Backofen auf 200 °C vorheizen.

4 Kurz bevor der Teig in den Ofen kommt, mit den Fingern das typische Schachbrettmuster hineindrücken, ruhig bis auf den Boden durchdrücken, das Fladenbrot geht im Ofen ja noch mal auf.

5 **Zum Bestreichen** Öl und Milch mischen und mit einem Pinsel auf dem Fladenbrot verteilen. Darauf etwas Sesam und Schwarzkümmel streuen. Wer will, kann natürlich auch nur eins davon nehmen.

6 Den Teig für ca. 20 Minuten in den Backofen geben, bis das Fladenbrot schön gebräunt ist (die Backzeit hängt vom jeweiligen Ofen ab).

VOLLKORNBROT
– Bennis Lieblingsbrot

Zubereitungszeit: ca. 20 Minuten + 1 Stunde Gehzeit + 45 Minuten Backzeit | Schwierigkeitsgrad: XX | 30-cm-Kastenform

Leider, leider ist Benni bei uns kein großer Vollkornbrotesser. Am liebsten mag er helles Brot. Dagegen stehe ich total auf Pumpernickel (meiner Heimat geschuldet) und Vollkornbrot im Allgemeinen. Bei diesem Rezept war ich mir sicher, dass er wieder rummeckert: Da sind zu viele Körner drin und es ist zu dunkel! – aber, weit gefehlt. Es ist zu seinem Lieblingsbrot avanciert, und versuche ich es auch nur im Ansatz zu verändern, dann kommt sofort Kritik.

Für ein Brot
350 g 6-Korn-Getreide (ganze Körner)
ca. 320–350 g Wasser
10 g frische Hefe
150 g Weizenmehl Type 550
1 TL Zuckerrübensirup
2 TL Salz
30 g Apfelessig
90 g Sonnenblumenkerne
75 g Kürbiskerne
50 g Buchweizen

Außerdem
Fett für die Form

1. Die 6-Korn-Mischung in den Mixtopf geben und mahlen: **1 Minute/Stufe 10**. Das Mehl in eine kleine Schüssel umfüllen.
2. 320 g Wasser in den Mixtopf geben, die Hefe hinzufügen und auflösen: **3 Minuten/37 °C/Stufe 3**
3. Weizenmehl, 6-Korn-Mehl und alle anderen Zutaten hinzufügen und zu einem glatten Teig kneten: **4 Minuten/Teigstufe**. Sollte der Teig zu trocken sein, noch etwas Wasser hinzufügen.
4. Eine längliche Kastenform ausfetten, den Teig hineingeben und 1 Stunde an einem warmen Ort gehen lassen.
5. Den Ofen auf 220 °C Ober-/Unterhitze vorheizen. Unten in den Ofen eine feuerfeste Schüssel mit Wasser stellen. Die Kastenform auf die mittlere Schiene stellen und das Brot ca. 45 Minuten backen.
6. Herausnehmen und das Brot in der Form auf einem Rost abkühlen lassen. Nach 15 Minuten aus der Form lösen und auf dem Rost vollständig auskühlen lassen.

THUNFISCH-EI-Aufstrich

Zubereitungszeit: ca. 20 Minuten | Schwierigkeitsgrad: ✗

Ursprünglich sollte an dieser Stelle ein Eiersalat stehen, aber es gibt da eine Sache, die ich extrem gerne zu Ei esse, und das ist Thunfisch! So ein leckeres Baguette mit Thunfisch, Mayo und Ei ist für mich schon eine Sache, die ich sehr mag. Irgendwie hat es mir die Mischung von dem Thunfisch und dem Ei angetan und deswegen haben wir einen Thunfisch-Ei-Aufstrich kreiert, den man einfach immer essen kann. Er passt nicht nur morgens auf Brötchen oder Baguette, sondern auch abends auf Brot oder als Dip zu Fladenbrot.

Für den Aufstrich

4 hart gekochte Eier
1 Dose Thunfisch in Öl (ca. 140 g, in Wasser geht auch)
6 EL Mayonnaise
1 TL Senf
1 gestrichener TL Gemüsebrühpulver
1 TL Currypulver
2 EL Schnittlauchröllchen (TK oder frisch)

1 Wer mag, kann die Eier im Mixtopf zubereiten (nach Thermomix®-Grundkochbuch), dann aber den Topf gründlich mit kaltem Wasser ausspülen, damit er wieder kalt ist.

2 Die Eier schälen und halbieren. Eier, abgetropfter Thunfisch, Mayonnaise, Senf, Brühpulver und Curry im Mixtopf vermischen: **10 Sekunden/Stufe 3**

3 Den Schnittlauch dazugeben und unterrühren: **10 Sekunden/Stufe 1,5**

GEFLÜGELAUFSTRICH
mit Beeren und Nüssen

Zubereitungszeit: ca. 10 Minuten | ca. 6 Portionen | Schwierigkeitsgrad: ✗✗

Bei uns landet regelmäßig ein ganzes Huhn auf dem Tisch. Immer mal wieder anders gewürzt, ist es ein tolles Gericht. Leider bleibt auch häufig was übrig vom Geflügel. Der Geflügelaufstrich eignet sich hervorragend als Resteverwertung. Anders als der klassische Geflügelsalat kommt unser Aufstrich mit Cranberries und Pecannüssen daher. Ein absoluter Genuss, egal ob zum Frühstück oder Abendbrot.

Für den Aufstrich
30 g Pecannüsse
2 gekochte Hähnchenbrüste (oder anderes ausgelöstes und gekochtes Geflügelfleisch)
45 g getrocknete Cranberries
30 g Stangensellerie (ca. 1 Stange)
85 g Mayonnaise
100 g saure Sahne
1 EL Zitronensaft
½ TL Curry
½ TL Zucker
Salz, Pfeffer

1 Die Pecannüsse in einer heißen Pfanne ohne Fett von allen Seiten anrösten und beiseitestellen.

2 Das Geflügelfleisch in groben Stücken in den Mixtopf geben, Cranberries, Pecannüsse und den grob geschnittenen Sellerie dazugeben und zerkleinern: **5 Sekunden/Stufe 5**

3 Die restlichen Zutaten in den Mixtopf geben, den Linkslauf aktivieren und alles miteinander vermengen: **1 Minute/Linkslauf/Stufe 1**

TIPP
Der Aufstrich hält sich im Kühlschrank ungefähr fünf Tage.

OBATZDA & ZWIEBELKÄS

Zubereitungszeit: jeweils ca. 5–10 Minuten | Schwierigkeitsgrad: ✗

Ozapft is! Was passt besser zu einer zünftigen Brotzeit mit Weißwurst und Brezn? Genau, unsere leckeren bayrischen Brotaufstriche. Damit dies in Windeseile fertiggestellt ist und ihr den bayrischen Genüssen verfallen könnt, haben wir passende Rezepte für euch!

Für den Obatzden
½ Bund Schnittlauch
200 g reifer Camembert
10 g Butter
200 g Frischkäse
2 EL Weißbier
3 EL Milch
½ kleine Knoblauchzehe
2 TL Paprika edelsüß
½ TL Paprika rosenscharf
1 Prise frisch geriebene Muskatnuss
1 gestrichener TL Salz

Für den Zwiebelkäs
1 Zwiebel
400 g Hüttenkäse
Salz, Pfeffer
1 Bund Schnittlauch

1 **Für den Obatzden** den Schnittlauch in feine Röllchen schneiden und den Camembert in Würfel (ungefähr würfelzuckergroß).

2 Die Butter in einer Pfanne erhitzen, bis sie leicht braun ist. Alle Zutaten (bis auf den Schnittlauch) mit der Butter in den Mixtopf geben, vermengen und zerkleinern: **20 Sekunden/Stufe 4**

3 Den Schnittlauch hinzugeben und einarbeiten: **10 Sekunden/Stufe** 2. Fertig ist euer Obatzda.

1 **Für den Zwiebelkäs** die Zwiebel schälen, halbieren, in den Mixtopf geben und zerkleinern: **5 Sekunden/Stufe** 5. Nach unten schieben.

2 Den Hüttenkäse dazugeben, ebenso Salz und Pfeffer. Das Bund Schnittlauch in die Hand nehmen und mit einer Schere über dem Mixtopf in kleine Röllchen schneiden (Schnittlauch im Mixtopf zu zerkleinern funktioniert nicht so gut, da die Halme sich um das Messer wickeln). Alles vermengen: **10 Sekunden/Linkslauf**

PFIRSICH-BBQ-SAUCE

Zubereitungszeit: ca. 45 Minuten | 2 Gläser à 250 ml | Schwierigkeitsgrad: ✗

Die Idee zur Pfirsich-BBQ-Sauce bekam ich, als ich auf Suche nach einer fruchtigen Grillsauce war. Ihr ahnt es – ich habe keine gefunden. Irgendwie waren alle sehr herzhaft, rauchig, zum Teil sogar Whiskey-lastig, aber keine hatte eine fruchtige Süße. Wenn die Pfirsichzeit wieder losgeht, solltet ihr nicht lange überlegen und zum Grillen diese Sauce machen. Sie wird der Renner sein!

Für die Grillsauce
6 Pfirsiche
2 Schalotten
1 Knoblauchzehe
2 TL Butter
ca. 1 TL Salz
½ TL Pfeffer
2 EL brauner Zucker
½–1 TL Zimt
½ TL geräuchertes Paprikapulver (Pimenton de la Vera, z.B. von Fuchs)
200 g Ketchup
1 EL Worcestershiresauce
Saft von ¼–½ Zitrone

1 Die Pfirsiche entkernen, halbieren, in den Mixtopf geben und zerkleinern: **7 Sekunden/Stufe 5**. Das Pfirsichpüree herausnehmen und beiseitestellen. Den Mixtopf kurz ausspülen.

2 Schalotten und Knoblauch schälen, halbieren, in den Mixtopf geben und zerkleinern: **3 Sekunden/Stufe 5**. Mit dem Spatel nach unten schieben.

3 Die Butter in den Mixtopf geben und Schalotten und Knoblauch darin andünsten: **5.30 Minuten/Varomastufe/Stufe 0,5**. Alles nach unten schaben.

4 Alle Zutaten, auch die pürierten Pfirsiche, hinzufügen. Den Messbecher schräg in den Deckel einsetzen, sodass der Dampf entweichen kann, aber nichts rausspritzt. Die Sauce kochen: **30 Minuten/110 °C/Stufe 1,5**

5 Die Grillsauce noch einmal abschmecken. Zum Schluss pürieren: **15 Sekunden/Stufe 10**

PFIRSICH BBQ

KNOBLAUCH-FETA-CREME & Pikanter Datteldip

Zubereitungszeit: jeweils ca. 5–10 Minuten | Schwierigkeitsgrad: ✗

Wir lieben es nach einem stressigen Tag, abends einfach nur mit einem Fladenbrot und ein paar Dips am Tisch zu sitzen und uns gegenseitig vom Tag zu erzählen. Das Rezept für unser Fladenbrot kennt ihr ja bereits, hier jetzt zwei wunderbare Dips dazu. Sie schmecken übrigens auch hervorragend zu gegrilltem Fleisch.

Für den Datteldip
1 rote Chili
100 g getrocknete, entsteinte Datteln
2 Frühlingszwiebeln
200 g Doppelrahm-Frischkäse
100 g Joghurt, 10 % Fett
1 Prise Salz
1 Prise Pul Biber (Chiliflocken)

Für die Knoblauch-Feta-Creme
2 Knoblauchzehen
1 kleine rote Paprika (oder ½ normale)
200 g Frischkäse
200 g Feta
1 TL Oregano
½ TL getrocknete Minze
½ TL Cayennepfeffer

1. **Für den Datteldip** die Chili entkernen. Datteln, Frühlingszwiebeln und Chili in den Mixtopf geben und zerkleinern: **6 Sekunden/Stufe 6**
2. Alle übrigen Zutaten dazugeben und alles vermischen: **30 Sekunden/Rührstufe**

1. **Für die Creme** Knoblauch und geviertelte Paprika in den Mixtopf geben und zerkleinern: **4 Sekunden/Stufe 6**. Mit dem Spatel alles nach unten schieben.
2. Alle anderen Zutaten mit in den Mixtopf geben und die Geschwindigkeit langsam hochfahren: **10 Sekunden von Stufe 2 auf Stufe 6**
3. Wer es noch feiner möchte, schiebt die Masse wieder nach unten und zerkleinert weiter: **4 Sekunden/Stufe 4**

SENF IN VARIANTEN

Zubereitungszeit: jeweils ca. 20 Minuten + Ruhezeit | Schwierigkeitsgrad: XX |
Foto auf Seite 4

Ich dachte immer, dass Senf so eine Art Hexenwerk ist. Weit gefehlt. Hätte ich geahnt, dass es so einfach ist, dann hätte ich schon viel eher damit angefangen, meine eigenen Senfsorten herzustellen. Der Fantasie sind in diesem Fall ja keine Grenzen gesetzt und ich muss sagen, mir fallen ganz viele tolle Sachen ein. Damit der Senf gut hält, müssen die Gläser sauber und heiß ausgespült sein. Sie sind dann ungefähr 6 Monate haltbar. Angebrochene Gläser im Kühlschrank aufbewahren.

Süßer Senf

200 g gelbe Senfkörner (Bioladen, Feinkostladen oder Internet)
75 g braune Senfkörner
1 Zwiebel
390 g Wasser
145 g Weißweinessig
160 g brauner Zucker
160 g weißer Zucker
3 Nelken
Schalenabrieb von ½ Zitrone
2 Pimentkörner

Außerdem
2 Schraubgläser à 250 ml

1. Die gelben Senfkörner in den Mixbecher geben und zerkleinern: **10 Sekunden/Stufe 10**
2. Die braunen Körner hinzugeben und erneut alles zerkleinern: **35 Sekunden/Stufe 10**. Das Senfmehl in eine Schüssel umfüllen.
3. Die Zwiebel schälen und in grobe Stücke schneiden. Zwiebel, Wasser, Essig, braunen und weißen Zucker, Nelken, Zitronenschale und Piment in den Mixtopf geben und aufkochen: **10 Minuten/100 °C/Stufe 2**
4. Eine Extraschüssel und das Garkörbchen als Sieb bereitstellen (ihr könnt auch ein normales Sieb nehmen): Die Flüssigkeit durch das Körbchen passieren und in der Schüssel auffangen.
5. Die aufgefangene Flüssigkeit zurück in den Mixtopf geben, das Senfmehl hinzufügen und verrühren: **2 Minuten/Stufe 2**. Noch heiß in die ausgespülten Gläser geben. Zwei Wochen heißt es nun warten, damit der Senf nachreift. Er verliert dadurch die extreme Schärfe und schmeckt anschließend wunderbar.

Aprikosen-Whiskey-Senf

160 + 90 g Whiskey
150 g Wasser
90 g gelbe Senfkörner (Bioladen, Feinkostladen, Internet)
1 EL braune Senfkörner
80 g getrocknete Aprikosen
4 EL Apfelessig
4 EL Honig
1 TL Salz

Außerdem
2 Schraubgläser à 250 ml

1 In eine verschließbare Schüssel 160 g Whiskey, das Wasser und die Senfkörner hineingeben. Die Schüssel verschließen und für 24 Stunden beiseitestellen.

2 2 Stunden vor der Zubereitung des Senfs die Aprikosen hacken: **5 Sekunden/Stufe 5** und mit dem restlichen Whiskey in einer kleinen Schüssel quellen lassen.

3 Alle Zutaten in den Mixtopf geben und zu Senf mahlen: **20 Sekunden/Stufe 9**. Eventuell muss man zwischendrin einmal unterbrechen und die Masse hinunterschaben. Den Senf bis zur gewünschten Konsistenz mahlen, in die Gläser füllen und gut verschließen.

Rosmarin-Thymian-Senf

100 g gelbe Senfkörner (Bioladen, Feinkostladen, Internet)
30 g braune Senfkörner
5 EL frische Thymianblättchen
4 EL frische Rosmarinnadeln
140 g Wasser
140 g Apfelessig
20 g brauner Zucker
1½ TL Salz

Außerdem
1 Glas à ca. 350 ml

1 In eine verschließbare Schüssel die Senfkörner, 3 EL Thymianblättchen, Rosmarin, Wasser und Apfelessig hineingeben. Gut verschließen und 2–3 Tage ruhen lassen.

2 Den Inhalt der Schüssel in den Mixtopf geben, Zucker und Salz hinzufügen und bis zur gewünschten Konsistenz pürieren, dabei die Geschwindigkeit langsam hochdrehen: **von Stufe 1 auf Stufe 7 oder 8**

3 Die restlichen Blättchen vom Thymian nehmen, in den Senf geben und unterrühren: **15 Sekunden/Stufe 1**. In das Glas umfüllen und gut verschlossen aufbewahren.

LINSENEINTOPF

Zubereitungszeit: ca. 50 Minuten | 2–4 Portionen | Schwierigkeitsgrad: XX

Eintöpfe sind so eine Sache: Entweder man mag sie oder man mag sie nicht. Der eintopfablehnende Teil von uns war trotzdem begeistert von diesem Linseneintopf. Überzeugt euch!

Für den Eintopf

1 kleine Zwiebel
60 g Speckwürfel
100 g Schweineschmalz
130 g Tellerlinsen
600 g Geflügelbrühe
½ Bund Suppengrün
1 mittelgroße, festkochende Kartoffel
4 Wiener Würstchen
1 TL Tomatenmark
1 TL Senf
Salz, Pfeffer
Zucker
Weißweinessig

1. Die Zwiebeln schälen und im Mixtopf zerkleinern: **5 Sekunden/Stufe 5**
2. Speckwürfel und Schweineschmalz zugeben und alles im Mixtopf gut anbraten: **3 Minuten/Varomastufe**
3. Die Linsen unter kaltem Wasser abspülen, abtropfen lassen, mit in den Mixtopf geben und mit der Geflügelbrühe aufgießen. Dies lasst ihr nun köcheln: **30 Minuten/100 °C/Stufe 0,5/Rührstufe**
4. Suppengrün und Kartoffel waschen und alles in ca. 1,5 cm große Würfel schneiden. Nach Ablauf der 30 Minuten zum Eintopf geben und alles weiter köcheln lassen: **15 Minuten/100 °C/Stufe 0,5/Rührstufe**
5. Die Würstchen in Stücke schneiden, zusammen mit Tomatenmark und Senf in den Mixtopf geben und gut durchrühren: **2 Minuten/Stufe 0,5/Rührstufe**. Mit Salz, Pfeffer, Zucker und Essig abschmecken.

FALAFELN

Zubereitungszeit: ca. 15 Minuten | ca. 4 Portionen | Schwierigkeitsgrad: ✗✗ |
Foto auf dem Umschlag vorne, unten links

Unser Rezept ist wahnsinnig einfach und egal, ob im Fladenbrot oder auf Salat, Falafeln schmecken richtig lecker.

Für die Falafeln

500 g getrocknete Kichererbsen
1 Handvoll glatte Petersilie
2 Möhren
2 Zwiebeln
2 große Knoblauchzehen
1 TL Kreuzkümmel
2 TL Chili oder Cayenne-Pfeffer
Salz, Pfeffer
Sonnenblumenöl

1 Die Kichererbsen über Nacht in reichlich Wasser einweichen. Sie sollten gut mit Wasser bedeckt sein. (Nehmt euch wirklich die Zeit zum Einweichen und verwendet nicht die Variante aus der Dose, der Unterschied ist wirklich lohnenswert).

2 Am nächsten Tag die Petersilie und die eingeweichten Kichererbsen in den Mixtopf geben und zerkleinern: **5 Sekunden/Stufe 5**

3 Zwiebeln, Knoblauch und Möhren schälen. Zwiebeln und Möhren klein schneiden (etwa die Größe der Knoblauchzehe). Alles zur Kichererbsenmasse geben und mixen: **5 Sekunden/Stufe 5**. Die Masse mit dem Spatel nach unten schieben und erneut mixen: **5 Sekunden/Stufe 5**

4 Die Gewürzen und das Salz zugeben und gut vermischen: **30 Sekunden/Stufe 6**. Den fertigen Falafelteig abschmecken, eventuell nachwürzen und nochmal kurz vermischen: **3 Sekunden/Stufe 4**

5 Mit zwei Esslöffeln kleine Bällchen abstechen, dazu die Löffel vorher in kaltes Wasser tunken, damit sich der Teig besser löst. Die Bällchen mit Sonnenblumenöl bestreichen und für 8 Minuten bei 200 °C in eine Heißluftfritteuse gegeben. Es funktioniert auch eine Fritteuse (180 °C, ca. 3–5 Minuten) oder ein Backofen mit Umluft bei 200 °C, pro Seite 5 Minuten.

MÖHRENEINTOPF
mit gebratenen Mettenden

Zubereitungszeit: ca. 35 Minuten | ca. 4 Portionen | Schwierigkeitsgrad: ✗✗

Auch wenn man Frau Gernekochen mit einem Eintopf jagen kann, für mich gehört er ab und zu einfach auf den Tisch. Dieser ist schnell gemacht, schmeckt perfekt und ist gesund! Was will man also mehr?! Wenn ihr jetzt auch Lust bekommen habt, dann ran an den Küchenfreund und lasst es euch schmecken!

Für den Eintopf

500 g geschälte, festkochende Kartoffeln
500 g geschälte Möhren
2 Zwiebeln
2 TL Butterschmalz
2 gestrichene TL Salz
Muskat
Pfeffer
100 g Weißwein
600 g Gemüsefond
4 Mettenden

1. Kartoffeln und Möhren schälen, im geschälten Zustand sollte es jeweils 500 g ergeben. Beides klein schneiden, die Kartoffeln vierteln und dann wie die Möhren in ca. 3–5 mm dicke Scheiben schneiden. Es sollte alles in etwa gleich groß sein.
2. Die Zwiebeln schälen, vierteln und im Mixtopf zerkleinern: **3 Sekunden/Stufe 5**. Anschließend mit dem Spatel nach unten schieben.
3. Das Butterschmalz mit in den Mixtopf geben und die Zwiebeln andünsten: **3 Minuten/Varomastufe/Linkslauf/Rührstufe**
4. Möhren und Kartoffeln zur Zwiebel in den Mixtopf geben und das Gemüse garen: **3 Minuten/Varomastufe/Linkslauf/Rührstufe**
5. 2 gestrichene TL Salz, 1 Prise Pfeffer, 1 Prise Muskat und den Weißwein dazugeben und weitergaren: **5 Minuten/Varomastufe/Linkslauf/Rührstufe**
6. Jetzt mit dem Gemüsefond auffüllen und den Eintopf köcheln: **15 Minuten/Varomastufe/Linkslauf/Rührstufe**
7. In der Zeit die Mettenden in schräge Scheiben schneiden und in einer Pfanne bei mittlerer Hitze anbraten. Zuletzt den Möhreneintopf auf die Teller verteilen und die Mettenden dazugeben.

ERBSEN-MINZ-SUPPE

Zubereitungszeit: ca. 45 Minuten | 4 Portionen | Schwierigkeitsgrad: XX

Wer jetzt denkt, die haben doch voll einen an der Klatsche – Erbsen und Minze zusammen – geht ja gar nicht! – dem müssen wir leider sagen, geht doch und zwar richtig gut. Leider ist nur ein Teil von uns glühender Erbsensuppen-Anhänger (also die deftige), aber diese hier ist wunderbar, leicht erfrischend und dennoch der Erbsensuppe treu ergeben. Übrigens schmeckt Erbse und Minze auch wunderbar als Pesto zusammen.

Für die Suppe
2 Zwiebeln
1 Knoblauchzehe
Olivenöl
2 Pastinaken
350 g TK-Erbsen
750 g Gemüsebrühe
4 Minzblätter
Salz, Pfeffer

1. Zwiebeln und Knoblauch schälen, die Zwiebel halbieren und im Mixtopf klein schneiden: 5 Sekunden/Stufe 5, dabei die Knoblauchzehe durch den Deckel auf das Messer fallen lassen.
2. Beides von den Seiten nach unten schaben, ca. 1 TL Öl dazu geben und andünsten: **4.30 Minuten/Varomastufe/Rührstufe**
3. Währenddessen die Pastinaken schälen und in grobe Stücke schneiden, dann in den Mixtopf geben und alles zusammen weiter andünsten: **2 Minuten/Varomastufe/Stufe 1**
4. Erbsen und Brühe hinzufügen und das Gemüse garen: **20 Minuten/Varomastufe/Stufe 1,5**
5. Die Minzblätter dazugeben, mit ½ TL Salz und Pfeffer würzen und pürieren: **20 Sekunden/Stufe 10**. Die Suppe noch mal abschmecken und servieren.

BIERSUPPE mit Cheddar

Zubereitungszeit: ca. 45 Minuten | ca. 4 Portionen | Schwierigkeitsgrad: ✗✗

Als ich das erste Mal von dieser Suppe hörte, habe ich gedacht, das kann gar nicht schmecken. Aber meine Neugier siegte und ich muss sagen, gut, dass sie es getan hat. Der Geschmack lässt sich nur schwer beschreiben, aber das Bier und der herzhafte Cheddar funktionieren hervorragend zusammen. Lasst euch bloß nicht abschrecken, sondern probiert es aus. Ihr könnt als Bier natürlich nach Belieben eure Lieblingssorte nehmen. Auch der neue Trend der Craft-Biere kann hier sicherlich nur von Vorteil sein.

Für die Suppe
300 g Cheddar-Käse
1 Karotte
1 Zwiebel
1 Knoblauchzehe
2 EL Butter
30 g Mehl
375 g Milch
125 g Sahne
1 Flasche (0,33 l) Bier
1 EL Dijon-Senf
Salz, Pfeffer
1 TL Zucker
1 TL Brühe
1 Spritzer Tabasco

1 Den Cheddar in den Mixtopf geben, mit Deckel und Messbecher verschließen und zerkleinern: **10 Sekunden/Stufe 5**. Den geriebenen Cheddar in eine Schüssel umfüllen und beiseitestellen.

2 Karotte, Zwiebel und Knoblauch schälen. Karotte und Zwiebel halbieren, in den Mixtopf geben und zerkleinern: **6 Sekunden/Stufe 5**, dabei den Knoblauch durch den Deckel auf das Messer fallen lassen. Nach dem Kleinmachen mit einem Spatel alles nach unten schieben. Die Butter zufügen und Karotte, Zwiebel und Knoblauch andünsten: **5 Minuten/Varomastufe/Stufe 0,5**

3 Das Mehl gut über dem angedünstete Gemüse verteilen und eine Mehlschwitze herstellen: **3 Minuten/Varomastufe/Stufe 0,5**, dabei in der letzten halben Minute durch das Deckelloch die Milch hinzugeben und auf **Stufe 2** hochdrehen.

4 Alle anderen Zutaten hinzugeben, auch den geriebenen Käse, und kochen: **10 Minuten/100 °C/Stufe 2,5**, dabei aufpassen, dass nichts hochkocht, ansonsten Temperatur runterstellen. Noch einmal alles abschmecken und servieren.

BLUMENKOHLSUPPE
mit Bacon

Zubereitungszeit: ca. 30 Minuten | ca. 5 Portionen | Schwierigkeitsgrad: ✗✗

Alle sieben Jahre soll sich ja der Geschmack ändern. Wenn man mir vor ein paar Jahren gesagt hätte, dass ich mal auf Brokkoli und Blumenkohlsuppe stehe, dann hätte ich denjenigen nur müde angelächelt. Denn das sind zwei der vielen Gemüsesorten, die ich absolut nicht ausstehen konnte. Diese Suppe ist ein Grund, warum ich Blumenkohl mittlerweile gerne mag!

Für die Suppe

1 Knoblauchzehe
1 Zwiebel
1 Stange Lauch
500 g Blumenkohl
125 g Bacon (wer mag, kann etwas davon abnehmen, es in der Pfanne anrösten und als Dekoration auf die Suppe geben)
1 TL Butter
500 g Wasser
1 EL gekörnte Gemüsebrühe
200 g geschälte Kartoffeln
Salz, Pfeffer

1 Knoblauch und Zwiebel schälen, Lauch und Blumenkohl putzen, den Blumenkohl in Röschen schneiden. Zwiebel und Lauch halbieren und mit dem Knoblauch in den Mixtopf geben: **5 Sekunden/Stufe 7**, anschließend das Gemüse hinunterschaben.

2 Bacon und Butter zum Gemüse in den Mixtopf geben (ohne Messbecher im Deckel): **7 Minuten/Varomastufe/Rührstufe**

3 Wasser, Brühe, grob gewürfelte Kartoffeln und Blumenkohl in den Mixtopf geben und garen: **20 Minuten/100 °C/Stufe 1**

4 Danach pürieren: **15 Sekunden/Stufe 10**, wer es gröber mag, kann auf einer kleineren Stufe pürieren. Mit Salz und Pfeffer abschmecken.

ROTE PFANNKUCHEN-RÖLLCHEN mit Lachsfüllung

Zubereitungszeit: ca. 30 Minuten | 6 große Pfannkuchen | Schwierigkeitsgrad: ✗

Wir beide mögen Fingerfood sehr gerne. Besonders toll finde ich Fingerfood auf Veranstaltungen, man kann von allem ein bisschen nehmen, manchmal kommen die Kellner auch auf einen zu, herrlich! Da aber klassische Pfannkuchenröllchen leider oft ein wenig fade aussehen, haben wir uns gedacht, wir pimpen das Ganze mal auf. Einfach ein wenig Rote-Bete-Saft dazugeben und schwupps hat man Farbe auf dem Teller. Ein echter Hingucker, oder?

Für die Pfannkuchen
4 Eier
30 g Zucker
350 g Milch und 50 g Rote-Bete-Saft oder 400 g Milch
1 Prise Salz
1 Messerspitze Backpulver
200 g Mehl Type 405

Außerdem
Öl

Für die Lachsfüllung
200 g Frischkäse
1 EL gemischte TK-Kräuter
1 EL geriebener Meerrettich, aus dem Glas
200 g geräuchter Lachs
2 Handvoll gemischter Salat

1 **Für den Pfannkuchenteig** den Schmetterling einsetzen. Eier und Zucker in den Mixtopf geben und aufschlagen: **3 Minuten/Stufe 4**. Anschließend den Schmetterling rausnehmen.

2 Die Milch-Bete-Mischung (oder nur Milch) und alle anderen Zutaten zum Eischaum in den Mixtopf geben und zu einem glatten Teig verrühren: **2 Minuten/Stufe 2**. Den Teig beiseitestellen.

3 Eine Pfanne heiß werden lassen, mit etwas Öl auspinseln und portionsweise Pfannkuchen darin backen. Die Pfannkuchen entweder sofort verzehren oder für die Pfannkuchenröllchen auskühlen lassen.

4 **Für die Füllung** den Frischkäse mit den Kräutern und dem Meerrettich verrühren. Die Creme auf den Pfannkuchen verstreichen, Lachs und Salat darauf verteilen und stramm aufrollen. Die Rolle in Scheiben schneiden und auf einem Teller anrichten.

TIPP

Wer Abwechslung möchte, kann seine Pfannkuchenröllchen auch beliebig anders füllen, zum Beispiel mit einer Creme aus Frischkäse, Avocado und Bacon (auf dem Bild rechts).

KÄSE-KRÄUTER-SPÄTZLE à la Gernekochen

Zubereitungszeit: ca. 45 Minuten | 4 Portionen | Schwierigkeitsgrad: XX

Selbst gemachte Spätzle sind um vieles besser als ihre gekauften Verwandten. Und dann auch noch in Kombination mit Käse, Zwiebel und Speck. Was will man mehr?! Tatsächlich ist es mit dem Thermomix® sehr einfach, den Spätzleteig hinzubekommen. Das berühmte Blasenschlagen des Teiges schafft das Wundergerät nämlich super. Wer kein Spätzlebrett zu Hause hat und das traditionelle Schaben vom Brett nicht wagen möchte, dem sei gesagt: Der Varoma-Einlegeboden funktioniert als Spätzlesieb ganz gut. Einfach über den Topf mit Wasser setzen und fertig ist es.

Für die Spätzle

200 g Milch
5 Eier, Größe M
500 g Mehl
2 EL gemischte Kräuter, gehackt (gerne auch TK)
1 TL Salz

Zum Verfeinern

3 Zwiebeln
1 EL Butter
60 g Speckwürfel
125 g Gruyère-Käse, gerieben
200 g Emmentaler, gerieben

1 Milch und Eier in den Mixtopf geben. Anschließend Mehl und Kräuter zufügen und alles zu einem Teig verarbeiten: **3 Minuten/Teigstufe**. Die Konsistenz des Teigs sollte so sein, dass er schwer vom Löffel abfällt. Wenn die Zeit abgelaufen ist, sollte der Teig Blasen schlagen, d.h. kommt der Teig zur Ruhe, steigen kleine Bläschen nach oben.

2 In der Zwischenzeit die Zwiebeln schälen und in Ringe schneiden. Eine Pfanne heiß werden lassen, die Butter hineingeben und Zwiebeln und Speck anbraten.

3 Einen großen Topf mit Wasser aufsetzen (zwischen dem Spätzlebrett und dem Wasser sollten ruhig einige Zentimeter Platz sein). Wenn das Wasser kocht, einen TL Salz hineingeben.

4 Den Spätzleteig in 4 bis 5 Portionen über das Spätzlebrett in das kochende Wasser reiben und bei jeder Portion abwarten, bis alle Spätzle an der Oberfläche schwimmen. Diese mit einer Schaumkelle entnehmen und das Ganze wiederholen, bis der ganze Teig verbraucht ist.

5 Auf die heißen Spätzle den Käse verteilen, ebenso die Zwiebeln und den Speck. Alles gut miteinander vermengen.

ZWIEBEL-SAHNE-HÄHNCHEN

Zubereitungszeit: ca. 20 Minuten + 25 Minuten Backzeit | 4 Portionen | Schwierigkeitsgrad: ✗✗ | Auflaufform

Jeder kennt sie, diese kleinen Tütchen, mit denen man das Essen fix zubereiten kann. Und jeder von uns hat sie auch schon mal mehr, mal weniger benutzt. In meiner Kindheit waren diese Tütchen allgegenwärtig, es war ja auch einfach und es hat immer geschmeckt. Heute weiß ich, dass es so einfach ist, leckere Saucen selber zu machen und dabei auf die ganzen Zusatzstoffe zu verzichten.

Für die Zwiebel-Sahne-Sauce
4 Zwiebeln
½ TL Öl
1 TL Salz
½ TL Paprika edelsüß
1 Messerspitze geräuchertes Paprikapulver (z.B. von Fuchs)
¾ TL Pfeffer
½ TL Thymianblättchen
½ Blatt Lorbeer
1 TL Gemüsebrühpulver
230 g Sahne
100 g Milch
1 TL Speisestärke

Für das Fleisch
4 Hähnchenbrüste

1 Den Backofen auf 175 °C Ober-/Unterhitze vorheizen. Die Zwiebeln schälen, halbieren, in den Mixtopf geben und klein schneiden: **5 Sekunden/Stufe 5**. Vom Rand hinunterschaben.

2 Das Öl auf die Zwiebeln geben, den Deckel aufsetzen und die Zwiebeln andünsten: **3 Minuten/Varomastufe/Stufe 1**

3 Salz, Gewürze, Kräuter, Brühpulver sowie Sahne und Milch hinzugeben.

4 In einer kleinen Schüssel die Speisestärke in etwas Wasser auflösen und ebenfalls in den Mixtopf geben. Alles aufkochen: **5 Minuten/Varomastufe/Stufe 0,5**

5 Die Hähnchenbrüste unter fließend Wasser abspülen, trocken tupfen und in eine Auflaufschale legen.

6 Die Zwiebel-Sahne-Sauce aus dem Mixtopf über das Hähnchen gießen, dabei das Lorbeerblatt herausnehmen. Im vorgeheizten Ofen bei 175 °C für 25 Minuten backen. Dazu passen Nudeln oder Kartoffeln.

BOLOGNESE-FRIKADELLEN oder „Bolodellen“

Zubereitungszeit: ca. 25 Minuten | 6–8 Stück | Schwierigkeitsgrad: ✗✗

Bei uns ist Benni der Mann fürs Hack. Egal ob als Füllung, in Saucen oder in Form von Fleischküchlein, Hackfleisch liebt er einfach, wie wahrscheinlich die meisten Männer. Bei diesem einfachen Rezept wurden zwei seiner Vorlieben vereint ... Spaghetti bolognese und Frikadellen. Daraus wurden dann diese Bolodellen!

Für die Fleischklopse
1 Brötchen vom Vortag
ca. 1 Tasse Milch
1 kleine Knoblauchzehe
10 g Parmesankäse oder Grana Padano
1 Zwiebel
1 Karotte
1 Stange Staudensellerie
4 TL Tomatenmark
1 TL Oregano
1 Ei
500 g gemischtes Hackfleisch
Salz und Pfeffer

Außerdem
Speiseöl

1 Eine gute halbe Stunde bevor ihr anfangt, weicht das Brötchen in Milch ein. Dazu dieses am besten in der Mitte durchbrechen und mit der Bruchfläche nach unten in die Milch legen.

2 Den Knoblauch schälen, mit dem Parmesan in den Mixtopf geben und klein hacken: **5 Sekunden/Stufe 5**

3 Zwiebel und Karotte schälen, mit dem Staudensellerie in den Mixtopf geben und alles zerkleinern: **6 Sekunden/Stufe 5**

4 Tomatenmark, Oregano, Ei und das ausgedrückte und zerkleinerte Brötchen zum Gemüse in den Topf geben und alles vermengen: **15 Sekunden/Stufe 2**

5 Hackfleisch, Salz und Pfeffer zugeben und untermischen: **2 Minuten/Rührstufe** (meist vermische ich das Hackfleisch von Hand mit der Brötchen-Gemüse-Masse und schmecke es mit Salz und Pfeffer ab, da ich so ein besseres Gefühl dafür habe).

6 Eine Pfanne aufsetzen (¾ Hitze), etwas Speiseöl hineingeben und, sobald dieses heiß geworden ist, aus der Fleischmasse 6 bis 8 Frikadellen formen und von jeder Seite knapp 5 Minuten braten.

Bayrischer KARTOFFELSALAT

Zubereitungszeit ca. 60 Minuten | ca. 6 Portionen | Schwierigkeitsgrad XX

Der beste Kartoffelsalat der Welt kommt von meiner Oma. Schön mit Gürkchen, Mayonnaise und Fleischwurst ist er superlecker und kam immer Heiligabend auf den Tisch. Den konnte tatsächlich nur Oma so toll machen, ich habe ihn trotz des Originalrezeptes nicht mehr so hingekriegt. Im Sommer ist mir aber ein solch mächtiger Salat mit der Mayo viel zu schwer. Deshalb gibt es zu Grillabenden meistens den bayrischen Kartoffelsalat, der nur mit Brühe, Essig und Öl auskommt. Wir essen ihn auch gerne zu Leberkäse mit süßem Senf …

Für den Salat

750 g Kartoffeln (ungeschält, wer sie nachher pellen möchte, ansonsten geschält)
1 mittlere Zwiebel
2 Äpfel
2 Gewürzgurken
150 g durchwachsener Speck
250 g fertige Rinderbrühe
1 gestrichener TL Senf
Salz, Pfeffer
1 EL Zucker
45 g Essig (ca. 6 EL)
25 g Öl (ca. 5 EL)
gemischte Kräuter

1 500 g Wasser in den Mixtopf geben und das Garkörbchen einsetzen. Die Kartoffeln zugeben, mit Deckel und Messbecher verschließen und gar kochen: **25 Minuten/Varomastufe/Stufe 1**. Herausnehmen und abkühlen lassen, gegebenenfalls pellen. Den Mixtopf kurz ausspülen.

2 Zwiebel und Äpfel schälen, bei den Äpfeln das Kerngehäuse entfernen. Gurken, Zwiebel und Äpfel in den Mixtopf geben und klein schneiden: **5 Sekunden/Stufe 5**. In eine separate Schüssel umfüllen.

3 Nun den Speck in den Mixtopf geben, den Deckel ohne Messbecher aufsetzen und den Speck auslassen: **5 Minuten/Varomastufe/Rührstufe**

4 Apfel, Zwiebel und Gurke zurück in den Thermomix geben, die Brühe aufgießen und aufkochen lassen: **7 Minuten/100 °C/Stufe 2**

5 Die Kartoffeln klein schneiden und in den Mixtopf geben. Senf, Salz, Pfeffer, Zucker, Essig, Öl und Kräuter zu den Kartoffeln geben und alles vermengen: **30 Sekunden/Linkslauf/Stufe 1**

GEDÄMPFTER ZANDER
mit Kräutern der Provence

Zubereitungszeit: ca. 45 Minuten | ca. 4 Portionen | Schwierigkeitsgrad: XX | Backpapier

Ein toller Vorteil des Thermomix® ist das Dämpfen, diese schonende Art, Lebensmittel zuzubereiten. Hinzu kommt, dass man bei diesem Rezept alle Raffinessen des Geräts ausspielen kann: Auf mehreren Ebenen unterschiedliche Lebensmittel zubereiten, ohne ständig in allen Töpfen zu rühren, ist schon toll. Unser gedämpfter Fisch spielt genau diese Vorteile aus.

Dazu
500 g kleine Kartoffeln (z.B. Drillinge)

Für den Fisch
4 Portionen Zanderfilet ohne Haut (oder anderer Fisch)
1 Bund Kräuter der Provence (Salbei, Thymian, Lorbeer, Rosmarin, Bohnenkraut, Oregano, Lavendel)
Salz, Pfeffer
1 Bio-Zitrone
4 Bogen Backpapier (wer es auf einer Rolle hat, 4 x auf Blechgröße schneiden)

1 Die Kartoffeln schrubben oder schälen. Den Zander auf Gräten überprüfen und diese gegebenenfalls entfernen.

2 Die Backpapierzuschnitte in der Mitte (kurze Seite) falten und so zuschneiden, dass beim Aufklappen ein Herz entsteht.

3 Die Kräuter zu vier Portionen aufteilen und je eine Portion auf jedes Herz geben. Darauf den Fisch geben, salzen, pfeffern. Die Zitrone in kleine Scheiben schneiden und auf den Fisch legen.

4 Nun das Backpapierherz zuklappen und den Rand durch Umknicken verschließen.

5 600 g Wasser in den Mixtopf geben. Die Kartoffeln in den Gareinsatz geben und in den Mixtopf einsetzen. Mit dem Deckel verschließen.

6 Den Varoma-Behälter aufsetzen, 2 Fischpäckchen hineinlegen, den Einlegeboden aufsetzen und dort die restlichen 2 Fischpäckchen darauflegen. Mit dem Deckel verschließen und dämpfen: **25 Minuten/Varomastufe/Stufe 1**

TACOS
„Gezupftes Rindfleisch“

Zubereitungszeit: ca. 45 Minuten | ca. 8 Portionen | Schwierigkeitsgrad: ✗✗✗

Taco-Bars sind in Großstädten und bei Foodtrucks der Trend schlechthin. Südamerikanische Küche ist ein Gedicht, wenn man es richtig macht. Unser Taco-Beef ist deshalb ein tolles Essen, bei dem zwar leicht ein wenig gekleckert wird, aber das (nicht nur) Kindern richtig Spaß macht, weil mit den Fingern gegessen wird. Wir hoffen, es schmeckt euch genauso wie uns!

Für die Füllung
1 EL Kreuzkümmel (auch Kumin genannt)
1 EL Koriander
1 EL Paprika edelsüß
500 g Rindersteak
1 grüne Chilischote (wer es scharf mag, nimmt eine rote)
3 Knoblauchzehen
2 kleine rote Zwiebeln
Öl
500 g Rinderbrühe
1 EL Tomatenmark
Salz
frischer Koriander (probiert es aus, es ist toll!)

Außerdem
8 Taco-Schalen oder Tortillas
Salat

1 Kreuzkümmel, Koriander und Paprika in den Mixtopf geben und verrühren: **3 Sekunden/Stufe 3**

2 Das Steak in ca. 1,5 cm große Würfel schneiden, in eine Schüssel geben und mit der selbst hergestellten Gewürzmischung gut vermengen. Anschließend in den Gareinsatz (Garkörbchen) geben.

3 Die Chili entkernen, Knoblauch und Zwiebeln schälen, die Zwiebeln halbieren. Chili, Knoblauch und Zwiebeln in den Mixtopf geben und klein schneiden: **5 Sekunden/Stufe 5**

4 Mit dem Schaber nach unten schaben, 1 TL Öl dazugeben und andünsten: **3 Minuten/Varomastufe/Stufe 2**

5 Die Brühe in den Mixtopf geben und den Garkorb einhängen. Mit dem Deckel verschließen und garen: **25 Minuten/100 °C/Stufe 2**

6 Den Gareinsatz entnehmen. Den Inhalt aus dem Mixtopf durch ein Sieb in eine Schüssel abseihen

7 Das Gemüse aus dem Sieb und das Rindfleisch aus dem Garkorb in den Mixtopf zurückgeben. 80 g der aufgefangenen Brühe ebenfalls in den Mixtopf geben, dazu Tomatenmark und etwas Salz. Nun geht's ans Zerzupfen: **8 Sekunden/Linkslauf/Stufe 6**

8 Das Fleisch abschmecken, in die Taco-Schalen füllen, etwas Salat dazu, mit Koriander bestreuen und heiß servieren.

BUTTERNUSSKÜRBIS-SAUCE mit Salbei

Zubereitungszeit: ca. 25 Minuten | ca. 4 Portionen | **Schwierigkeitsgrad:** ✗

Es gibt Gerichte, da betreibt man einen mordsmäßigen Aufwand und sie sind lecker. Und dann gibt es Gerichte, da schmeißt man nur so ein bisschen was zusammen und sie sind der Hammer. So geschehen bei dieser Nudelsauce. Eigentlich war es eine Resteverwertung für den Butternut-Kürbis. Den Salbei haben wir eigentlich auch nur hinzugefügt, weil er weg musste (und eigentlich stehen wir gar nicht auf Salbei). Aber das Ergebnis war so überzeugend, dass wir am nächsten Tag das Ganze gleich noch mal gemacht haben. Wir hoffen, euch geht es auch so.

Für die Sauce
½ Butternusskürbis
40 g Parmesankäse
200 g (1 Becher) Creme fraîche
Salz, Pfeffer
4–5 Salbeiblätter
wer mag, gibt etwas Chili dazu

1 Den Kürbis schälen, grob würfeln und in den Gareinsatz geben. In den Mixtopf 500 g Wasser einfügen, etwas Salz dazugeben. Den Gareinsatz einhängen, alles verschließen und den Kürbis dämpfen: **20 Minuten/Varomastufe/Stufe 1**

2 Den gegarten Kürbis zur Seite stellen, das Wasser abgießen und den Mixtopf kurz ausspülen.

3 Den Parmesan im Mixtopf zerkleinern: **10 Sekunden/Stufe 7**

4 Den Kürbis und die restlichen Zutaten zum Käse in den Mixtopf geben und bis zur gewünschten Konsistenz pürieren: **ca. 20 Sekunden/Stufe 10**

Gefüllte CHAMPIGNONS

Zubereitungszeit: ca. 30 Minuten | ca. 3 Portionen | Schwierigkeitsgrad: ✗

Gefüllte Champignons sind total lecker. Man kann sie sogar kalt am nächsten Tag genießen. Zudem sind sie wirklich schnell gemacht und ihr könnt sie variabel füllen.

Für die Pilze
1 Knoblauchzehe
6 große Champignons (alternativ Portobello-Pilze)
60 g frischer Blattspinat
60 g getrocknete Tomaten
35 g Parmesan
50 g Butter
1 EL gemischte TK- Kräuter
3 TL Balsamico
Salz, Pfeffer, Muskat
30 g Walnüsse

1 Den Knoblauch schälen. Die Stiele der Pilze abschneiden und in den Mixtopf geben. Die Pilzköpfe mit der offenen Seite nach oben auf den Varoma-Einlegeboden legen.

2 Spinat, Tomaten, Parmesan, Butter, Knoblauch, Kräuter, Balsamico, etwas Salz, Pfeffer und eine Prise Muskat zu den Pilzstielen in den Mixtopf geben und alles zerkleinern: **5 Sekunden/Stufe 5**

3 Die Walnüsse hinzufügen und alles noch einmal miteinander vermengen: **10 Sekunden/Stufe 2**

4 Die Masse nun aus dem Mixtopf in die Pilzköpfe füllen. Sollte etwas von der Pilzcreme übrig bleiben, in eine Schale umfüllen und zum Essen mitservieren. Sie eignet sich auch super als Dip beim Grillen.

5 Den Mixtopf nicht ausspülen, sondern 600 g Wasser hineingeben, den Deckel und den Varoma-Behälter inkl. Einlegeboden auf den Mixtopf setzen, mit dem Deckel verschließen und die gefüllten Pilzköpfe dämpfen: **20 Minuten/Varomastufe/Stufe 4**. Die heißen Pilzköpfe servieren.

CEVAPCICI mit Zigeunersauce

Zubereitungszeit: ca. 45 Minuten | ca. 4 Portionen | Schwierigkeitsgrad: ✗✗

Cevapcici ist ein klassisches Gericht der Balkanküche. Eigentlich wird es mit Ajvar serviert, wir haben uns aber für eine selbst gemachte Zigeunersauce entschieden. Das Tolle an Cevapcici ist auch, dass man sie wunderbar als Fingerfood essen kann. Sie eignen sich zum Mitnehmen, fürs Picknick, als Pausensnack ...

Für die Zigeunersauce (ca. 600 ml)

2 Zwiebeln
250 g Paprika, rot und grün
70 g Gewürzgurken
35 g Tomatenmark
200 g Ketchup
225 g passierte Tomaten (Fertigprodukt)
1 Spritzer Tabasco, optional
1 Prise Salz
1 EL Zucker
20 g Aufgussflüssigkeit der Gewürzgurken

Für die Cevapcici

1 Zwiebel
1 Knoblauchzehe
3 Stängel Petersilie
500 g Rinderhackfleisch (halb und halb geht auch)
½ TL Salz
½ TL Paprika edelsüß
1 Messerspitze geräuchertes Paprikapulver (z.B. von Fuchs)
1 Prise Chilisalz
½ TL Pfeffer
1 Ei

1 **Für die Sauce** die Zwiebeln schälen und halbieren, die Paprika entkernen und vierteln. Zwiebeln, Paprika und Gewürzgurken in den Mixtopf geben und klein schneiden: **5 Sekunden/Stufe 5**

2 Alle anderen Zutaten für die Sauce ebenfalls in den Mixtopf geben und köcheln lassen: **20 Minuten/100 °C/Stufe 1**. Wenn die Sauce nicht gleich verzehrt wird, kann sie in heiß ausgespülten Schraubgläsern aufbewahrt werden. Dafür die Sauce heiß in die Gläser füllen und diese sofort verschließen.

3 Zwiebel und Knoblauch **für die Cevapcici** schälen, die Zwiebel halbieren. Die Blätter der Petersilie abzupfen. Zwiebel und Petersilienblätter in den Mixtopf geben und klein schneiden: **5 Sekunden/Stufe 5**. Die Knoblauchzehe dabei durch das Deckelloch auf das Messer fallen lassen. Alles nach unten schaben.

4 Alle weiteren Zutaten hinzugeben und miteinander verrühren: **40 Sekunden/Stufe 3**

5 Eine Pfanne mit etwas Öl heiß werden lassen. Die Hackfleischmasse aus dem Mixtopf nehmen, zu kleinen Würstchen formen und diese in der Pfanne braten.

Der perfekte BURGER

Zubereitungszeit: ca. 20 Minuten | Sauce für mindestens 10 Portionen | Schwierigkeitsgrad: ✗✗

Ein guter Burger geht immer, oder? Wir haben hier einen tollen Burger für euch zusammengestellt mit einer verdammt leckeren Sauce, die in Windeseile im Thermomix® zubereitet ist. Ich sage euch, von der Sauce kann man nicht genug bekommen, egal ob auf einem Burger, zu Pommes, zu Wurst oder auf einem Sandwich... Sie schmeckt immer!

Für die Burgersauce

1 Zwiebel
1 Knoblauchzehe
8 Scheiben Bacon
100 g Frischkäse
300 g Mayonnaise
3 EL Gurken-Relish (Supermarkt)
3 TL Weißweinessig
1 EL Zucker
1 TL Paprika edelsüß
1 TL Senf
1 gestrichener TL Salz
½ TL Pfeffer

Für 1 Burger

150 g Rinderhackfleisch oder ein fertiges Patty
Salz & Pfeffer
1 Burgerbrötchen (Bun)
1 Blatt Salat
1 Scheibe Cheddar (oder ein anderer Käse)
1 Scheibe Tomate
1 Scheibe Zwiebel
Burgersauce

1 **Für die Sauce** Zwiebel und Knoblauch schälen, beides vierteln. Den Bacon in einer Pfanne bei mittlerer Hitze kross ausbacken und auf einen Teller mit Küchenpapier legen, damit das Fett aufgesogen wird und der Speck schön kross bleibt.

2 Knoblauch und Zwiebel in den Mixtopf geben und klein schneiden: **5 Sekunden/Stufe 5**

3 Den Bacon daraufgeben, Frischkäse und Mayonnaise zufügen und vermengen: **5 Sekunden/Stufe 5**

4 Alle weiteren Zutaten mit in den Mixtopf geben und verrühren: **10 Sekunden/Stufe 3**. Die Sauce hält sich problemlos 10 Tage im Kühlschrank.

5 **Für den Burger** das Hackfleisch nur mit Salz und Pfeffer würzen und in einer Pfanne oder auf dem Grill von jeder Seite ca. 4 Minuten braten.

6 Den Bun in zwei Hälften schneiden und in folgender Reihenfolge belegen: Salatblatt – Patty (Frikadelle) – Cheddar – Tomate – Zwiebel – ordentlicher Klecks Burgersauce – Deckel ... fertig!

LINGUINE mit Nuss-Pesto

Zubereitungszeit: ca. 30 Minuten | 4 Portionen | **Schwierigkeitsgrad:** XX

Hier haben wir ein schnelles, leckeres Nudelgericht für euch. Das Nuss-Pesto ist wirklich fantastisch und passt auch toll zu Baguette oder Fladenbrot. Mit den Tomaten und dem Rucola bringen wir noch etwas Frische hinein.

Für die Pasta

200 g Cocktailtomaten (oder andere kleine Tomaten)
100 g Rucola
500 g Linguine (oder Spaghetti oder andere Nudeln)

Für das Pesto

1 Knoblauchzehe
40 g Parmesan
200 g Nussmischung (Hasel- und Pecannuss, Cashewkerne etc.)
ca. 150–200 ml gutes Olivenöl
Salz

1. Cocktailtomaten und Rucola waschen. Die Tomaten vierteln und beides beiseitestellen.
2. Während die Nudeln nach Packungsanweisung kochen, das Pesto zubereiten: Die Knoblauchzehe bei **Stufe 5** ins Messer fallen lassen und das Gerät wieder abstellen. Den Knoblauch nach unten schieben.
3. Den Parmesan gestückelt mit der Nussmischung, Öl und Salz in den Mixtopf geben und alles zu einem schönen Pesto verarbeiten: **6 Sekunden/Stufe 5**
4. Jetzt nur noch die Nudeln zusammen mit den Tomaten, dem Rucola und unserem Nuss-Pesto anrichten und das war es schon!

HACKFLEISCHBÄLLCHEN
mit Schmorgurke

Zubereitungszeit: ca. 45 Minuten | 4 Portionen | Schwierigkeitsgrad: XXX

Dieses Gericht haben wir letztes Jahr zum ersten Mal gemacht. Ich kannte Schmorgurken vorher gar nicht und hatte so meine Bedenken. Allerdings habe ich mich total getäuscht. Es ist superlecker und erinnert ein wenig an Königsberger Klopse, allerdings ohne Kapern ☺.

Für die Fleischbällchen
2 Zwiebeln
500 g gemischtes Hackfleisch
30 g Semmelbrösel
½ TL Salz
½ TL Pfeffer

Für die Schmorgurken
750 g kleine Landgurken
500 g Kartoffeln
1 Zwiebel
1 TL Butter
500 g Wasser
2 TL Gemüsebrühpulver
100 g (½ Becher) Sahne
45 g Weißweinessig
5 g Zucker
Salz, Pfeffer

1. **Für die Fleischbällchen** die Zwiebeln schälen, vierteln, in den Mixtopf geben und zerkleinern: **5 Sekunden/Stufe 5**. Vom Rand hinunterschieben. Hackfleisch und Semmelbrösel, Salz und Pfeffer hinzufügen und alles vermengen: **1 Minute/Linkslauf/Stufe 2**. Aus der Hackfleischmasse kleine Bällchen formen und auf den Einlegeboden des Varoma setzen.
2. Die **Gurken** schälen, halbieren und in 1 cm große Stücke schneiden. Diese in den Varoma-Behälter geben, den Einlegeboden mit den Bällchen einsetzen und mit dem Deckel verschließen. Die Kartoffeln schälen, je nach Größe vierteln oder achteln und in den Gareinsatz (Garkörbchen) geben.
3. Die Zwiebel schälen, halbieren, in den Mixtopf geben und zerkleinern: **5 Sekunden/Stufe 5**. Anschließend nach unten schieben. Die Butter zur Zwiebel geben und die Zwiebel andünsten: **3 Minuten/Varomastufe/Stufe 1**
4. Das Wasser und die Gemüsebrühe in den Mixtopf geben, den Gareinsatz mit den Kartoffeln einsetzen, den Deckel auf den Mixtopf setzen und den kompletten Varoma oben drauf stellen: **25 Minuten/Varomastufe/Stufe 1**
5. Nach der Garzeit den Varoma abnehmen, den Gareinsatz mit den Kartoffeln entnehmen. Die Gurken nun vom Varoma in den Mixtopf mit der Brühe geben, Sahne, Essig, Zucker und etwas Salz und Pfeffer hinzugeben und vermengen: **45 Sekunden/Linkslauf**, evtl. noch einmal abschmecken.

ZITRONENMOUSSE

Zubereitungszeit: ca. 45 Minuten + 3 Stunden Kühlzeit | 6 Portionen | Schwierigkeitsgrad: ✗✗

Dieses Dessert ist perfekt geeignet für alle, die sich den Sommer auf den Teller (ins Glas) holen wollen. Wunderbar zitronig, erfrischt es bei jedem Löffel. Der Keksboden gibt den Crunch-Effekt und der Frischkäse lässt einen an zart-cremigen Cheesecake denken.

Für die Mousse
200 g Vollkornbutterkekse
80 g Butter
355 g kalte Sahne
80 g Puderzucker
2 ½ EL Zitronensaft
1 ½ EL Wasser
1 ½ TL Gelatinepulver (ca. ½ Päckchen)
340 g Frischkäse
250 g Lemon Curd (Supermarkt oder aus dem Thermomix®-Grundkochbuch)

1 Die Kekse in den Mixtopf geben und grob zerkleinern: **5 Sekunden/Stufe 4**. In eine Schüssel umfüllen.

2 Die Butter in den Mixtopf geben und schmelzen: **4 Minuten/80 °C/Stufe 1**

3 Die Kekskrümel zur Butter geben und beides miteinander verrühren: **1 Minute/Stufe 1**. In Dessertgläser füllen und festdrücken.

4 Den Mixtopf kurz ausspülen und trocknen, den Schmetterling einsetzen, Sahne und Puderzucker hineingeben und steif schlagen: **2.20 Minuten/Stufe 3** (wichtig, die Sahne muss kalt sein). Die geschlagene Sahne umfüllen.

5 Zitronensaft und Wasser in einer Tasse vermengen und mit der Gelatine anrühren, 5 Minuten quellen lassen.

6 Den Frischkäse in den Mixtopf füllen und aufschlagen: **1 Minute/Stufe 3**

7 Lemon Curd hinzugeben und unterrühren: **2 Minuten/Stufe 3**

8 Von der Masse 1 Teelöffel abnehmen und in die Gelatine einrühren. Dann die Gelatinemasse zum Frischkäse geben und die geschlagene Sahne portionsweise unterrühren: **Stufe 1,5**

9 Die Zitronenmousse in die Gläser füllen und mindestens 3 Stunden in den Kühlschrank stellen.

ERDBEER-MASCARPONE-CREME mit Pistazien-Streusel

Zubereitungszeit: ca. 30 Minuten + 20 Minuten Backzeit + 2 Stunden Kühlung | ca. 6 Portionen | Schwierigkeitsgrad: XX | Backblech

Haben wir schon erwähnt, dass die Erdbeerzeit unsere liebste Jahreszeit ist? Wir lieben diese kleinen süßen Früchte und je wärmer es wird, umso besser werden die Erdbeeren und desto häufiger landen sie dann auch auf unserem Tisch.

Für die Creme
700 g frische Erdbeeren
2 gehäufte EL Vanillezucker
2 gehäufte TL Erdbeerpulver (z.B. von Spicebar, Reformhaus, Supermarkt)
600 g Mascarpone (oder Quark)
60 g Zucker

Für die Streusel
5 Blatt Minze
25 g Pistazien
130 g Mehl
75 g weiche Butter
60 g Zucker
1 kleine Prise Salz

1. Backofen auf 170 °C Ober-/Unterhitze vorheizen. **Für die Creme** die Erdbeeren waschen und den Strunk entfernen.
2. Die Hälfte der Erdbeeren in ganz feine Würfel schneiden und mit 1 gehäuften EL Vanillezucker und 1 gehäuften TL Erdbeerpulver in einer größeren Schüssel marinieren.
3. In der Zwischenzeit **die Streusel** zubereiten: Die Minze mit den Pistazien im Mixtopf zerkleinern: **5 Sekunden/Stufe 10**
4. Mehl, Butter, Zucker und eine kleine Prise Salz dazugeben und alles verkneten: **15 Sekunden/Stufe 5**
5. Den Teig auf ein mit Backpapier ausgelegtes Backblech streuseln und für ca. 20–25 Minuten in den Ofen geben. Dann aus dem Ofen nehmen und abkühlen lassen.
6. Den Mixtopf kurz säubern. Die ganzen Erdbeeren mit dem restlichen Vanillezucker und dem restlichen Erdbeerpulver in den Mixtopf geben und mixen: **10 Sekunden/Stufe 6**
7. Auf Wiegefunktion stellen und ca. 100 g der Erdbeermasse herausnehmen, zu den gehackten Erdbeeren in die Schüssel geben und vermischen.
8. Mascarpone und Zucker zu der im Mixtopf verbliebenen Erdbeermasse geben und vermischen: **2 Minuten/Stufe 3**
9. Zuerst die marinierten Erdbeeren, dann die Erdbeer-Mascarpone-Creme (am besten mit einem Spritzbeutel mit großer Tülle) in die Dessertgläser geben und zum Schluss die Streusel aufsetzen. Für ca. 2 Stunden im Kühlschrank ziehen lassen und fertig ist dieses tolle Dessert.

MARMORWAFFELN

Zubereitungszeit: ca. 45 Minuten | ca. 15 Waffeln | Schwierigkeitsgrad: XXX

Marmorkuchen geht immer. Einer der einfachsten Rührkuchen, den ich auch gerne mit den Kiddies mache. Außer man ist so begabt wie meine Schwester. Die wollte nämlich mal einen Marmorkuchen machen, aber statt den Teig zu trennen, machte sie einen Teig, färbte ihn gemäß Rezept mit Kakao ein und fragte mich dann, wie sie denn jetzt die Marmorierung in den Kuchen kriegen würde. So ist sie, meine Schwester (nichtsdestotrotz habe ich sie sehr gern). Aber zurück vom Kuchen, hin zu unseren Marmorwaffeln. Immer nur eine Farbe fand ich auf Dauer langweilig und statt jetzt irgendetwas ganz Abgefahrenes zu machen, habe ich einfach den Teig halbiert und ihn mit Backkakao gepimpt und zusammen auf das Waffeleisen gegeben. Et voilà: Marmorwaffeln.

Für die Waffeln
4 Eier, Größe M
85 g Butter
500 g Milch
2 TL Vanilleextrakt, alternativ 1 Päckchen Vanillezucker
280 g Mehl Type 405 + 50 g Maismehl oder 330 g Mehl Type 405
100 g Zucker
2 TL Backpulver
½ TL Natron
Salz
70 g Backkakao
145 g brauner Zucker

1. Den Schmetterling einsetzen. Die Eier trennen. Die Eiweiße in den Mixtopf geben und aufschlagen: **4 Minuten/Stufe 4**. Den Eischnee aus dem Mixtopf herausnehmen und beiseitestellen.
2. Die Butter in den Mixtopf geben und schmelzen: **3 Minuten/50 °C/Stufe 2**
3. Eigelbe, 250 g Milch und Vanilleextrakt in den Mixtopf geben und aufschlagen: **2 Minuten/Stufe 3**
4. Mehl, Maismehl, Zucker, Backpulver, Natron und 1 Prise Salz hinzugeben, alles verrühren: **3 Minuten/Teigstufe**
5. Den Eischnee hinzugeben und auf **Stufe 1** so lange rühren, bis alles gut vermengt ist (wirklich nur auf dieser Stufe, damit der Eischnee nicht kaputtgeht).
6. Die Hälfte des Teiges in eine Schüssel umfüllen und schon mal neben dem Waffeleisen parken.
7. Die im Mixtopf verbliebene Teighälfte mit Kakao und braunem Zucker vermengen: **2 Minuten/Teigstufe**
8. Von beiden Teigen etwas auf dem Waffeleisen verteilen und gescheckte Waffeln backen.

SOFTKARAMELL oder FUDGE

Zubereitungszeit: ca. 30 Minuten | Schwierigkeitsgrad: XX

Für Naschereien sind wir immer zu haben. Vor allem für solche, die an unseren Geschmacksnerven kitzeln. Im Oktober war ich auf Exkursion in England, genauer gesagt in Oxford. Und meine müden Augen erblickten einen Laden, der nur Fudge (Softkaramell) verkauft, in allen Variationen. Es gab eine Menge zu probieren. Am Ende des Tages entschied ich mich für die Variante mit belgischer Schokolade.
Kennt ihr das Gefühl, wenn man satt ist, aber es ist so lecker, dass man wie in Trance immer wieder was nachnimmt? So war es bei uns. Es war also klar, so was in diese Richtung muss selber gemacht werden. Ich habe dann neben der Schokoladen- noch eine gesalzene Variante ausprobiert, und beide waren richtig gut. Ich hoffe, euch gefällt es so wie uns. Ach ja, am besten gut wegschließen, es geht schneller weg, als euch lieb ist.

Für die süße Variante
170 g weiße Schokolade
400 g (1 Dose) gezuckerte Kondensmilch (bspw. Milchmädchen)
160 g brauner Zucker
120 g Butter
85 g heller Zuckersirup (z.B. Grafschafter heller Sirup)

Für die salzige Variante
1 TL Salz und Flor de Sal

1 Die Schokolade in Stückchen in den Mixtopf geben und zerkleinern: **5 Sekunden/Stufe 9**. In eine Schüssel umfüllen.

2 Alle anderen Zutaten (bei dem gesalzenen Softkaramell auch den TL Salz) in den Mixtopf geben und ohne Messbecher im Deckel kochen lassen: **8 Minuten/100 °C/Stufe 3**

3 Den Deckel abnehmen, mit dem Spatel alles von den Seiten runterschieben und erneut ohne Messbecher im Deckel köcheln: **20 Minuten/Varomastufe/Stufe 3**

4 In der Zwischenzeit ein Blech mit Backpapier auslegen. Die Schokolade mit in den Mixtopf geben und unterrühren: **10 Sekunden/Stufe 4**

5 Die Masse auf das Backblech umfüllen und glatt streichen. Es muss nicht das ganze Backblech gefüllt werden, die Hälfte reicht vollkommen aus (je nachdem wie dick ihr es haben wollt). Für die gesalzene Variante noch ein wenig Flor de Sal auf das Fudge streuen. Das Softkaramell auskühlen lassen und in kleine Quadrate schneiden. Wer mag, kann daraus auch kleine Bonbons rollen.

SOFTEIS
von der feigen Kirsche

Zubereitungszeit: ca. 10 Minuten + Gefrierzeit | ca. 5 Portionen | Schwierigkeitsgrad: ✗

Wenn der Sommer uns küsst und die ersten Kirschen auf den Märkten zu finden sind, müssen wir sie natürlich einkaufen. Und bei Sonnenschein und wohligen Temperaturen darf es gerne ein Eis sein. Hier haben wir eine tolle Variante für euch, die in nicht mal 10 Minuten fertig ist und herrlich schmeckt!

Für das Eis
500 g Kirschen (entkernt ca. 420 g)
4 Feigen (ca. 150 g)
15 g Vanillezucker
45 g Zucker
200 g Sahne

1 Kirschen und Feigen waschen. Die Kirschen entkernen, die Feigen vierteln und beide Obstsorten für mindestens 5 Stunden in den Gefrierschrank stellen.

2 Vanillezucker und Zucker in den Mixbecher geben und mahlen: **10 Sekunden/Stufe 10**

3 Das gefrorene Obst zugeben und alles mixen: **15 Sekunden/Stufe 8**

4 Mit dem Spatel die Früchte vom Rand nach unten schieben, mit der Sahne auffüllen und erneut mixen: **35 Sekunden/Stufe 4**. Das Eis sofort genießen.

Aprikosen-Heidelbeer-PAVLOVA

Zubereitungszeit ca. 20 Minuten + 2 Stunden Backzeit | ca. 6 Portionen | Schwierigkeitsgrad XXX

Pavlova ist ein wunderbares Baisergebäck, das hervorragend zum Nachmittagskaffee passt. Ich finde sogar, dass es jeden Kaffeetisch besonders hübsch macht, da Pavlovas aussehen wie eine weiße Wolke.

Für die Pavlova
4 Eiweiße, Größe M
200 g Puderzucker
3 EL Zucker
2 gestrichene TL Speisestärke
½ TL Apfelessig

Für das Kompott
5 Aprikosen (frisch oder aus dem Glas)
2 EL brauner Zucker
100 g frische Heidelbeeren

Außerdem
200 g (1 Becher) Sahne

1 Der Mixtopf muss absolut sauber und fettfrei sein. Den Schmetterling in den Mixtopf einsetzen. Die 4 Eiweiße hineingeben und steif schlagen: **4 Minuten/Stufe 3,5**, dabei den Puderzucker nach und nach (am besten löffelweise) in den Mixtopf rieseln lassen. Nach Ablauf der 4 Minuten sollte der Eischnee schön glänzen. (Tut er dies noch nicht, dann so lange weiterlaufen lassen, bis er glänzt.)

2 Den Deckel abnehmen und die Speisestärke auf den Eischnee sieben, den Essig hinzugeben und unterrühren: **20 Sekunden/Stufe 3,5**

3 Den Backofen auf 75 °C Umluft vorheizen, ein Backblech mit Backpapier auslegen, dann den Eischnee mit einem Löffel als schönen Kreis (ungefähr 20 cm Durchmesser) aufs Backblech geben. In der Mitte eine Kuhle lassen und den Rand hochziehen.

4 Für 1 Stunde auf die mittlere Schiene in den Ofen geben, anschließend die Temperatur auf 60 °C runterregulieren und die Pavlova 1 weitere Stunde im Ofen lassen. Dann die Ofentür öffnen und das Eischneegebäck abkühlen lassen.

5 Die Aprikosen entkernen und in Spalten schneiden. Den braunen Zucker in eine Pfanne geben, auf mittlerer Stufe erhitzen und – ohne zu rühren – den Zucker karamellisieren lassen, bis er goldbraun und flüssig ist. Aprikosen und Blaubeeren in die Pfanne geben, gut verrühren, zur Seite stellen.

6 Den Mixtopf gut auswaschen und trocknen. Den Schmetterling einsetzen, die Sahne hineingeben und steif schlagen: **2 Minuten/Stufe 3**. Die ausgekühlte Pavlova mit Sahne und Kompott toppen.

EIS von GERÖSTETEN KIRSCHEN mit Schokosplittern

Zubereitungszeit: ca. 30 Minuten + ca. 1 Stunde in der Eismaschine | mindestens 10 Portionen | Schwierigkeitsgrad: ✗✗ | Backblech und -papier | Eismaschine

Dieses Eis ist aus einer Laune heraus entstanden. Ich dachte auch, dass das Eis nur von mir verzehrt werden würde, aber da hatte ich weit gefehlt. Der größte Abnehmer war mein Göttergatte und seitdem löchert er mich mit der Frage, wann ich ihm wieder dieses Kirscheis mache ...

Für das Kirscheis
200 g frische Kirschen
350 g Zucker
4 Eier
350 g Vollmilch
750 g Sahne (mindestens 33 % Fett)
150 g Schokosplitter, zartbitter

1 Den Backofen auf 175 °C Umluft vorheizen. Die Kirschen entkernen, mit 3 EL Zucker verrühren und auf ein mit Backpapier ausgelegtes Backblech geben, gut verteilen. Im vorgeheizten Ofen für ca. 10–15 Minuten rösten. Herausnehmen und abkühlen lassen.

2 Den Schmetterlingsaufsatz in den Mixtopf setzen. Die Eier hineingeben und schaumig schlagen: **2 Minuten/Stufe 3**

3 Dann nach und nach durch die Deckelöffnung den restlichen Zucker einrieseln lassen. Dazu den Thermomix auf **Stufe 3** ohne Zeitangabe weiterlaufen lassen. Der Zucker sollte komplett aufgelöst sein (das dauert ca. 4 Minuten).

4 Milch und Sahne zur Zucker-Ei-Masse in den Mixtopf geben und das Ganze erhitzen: **7.30 Minuten/80 °C/Stufe 2,5**

5 Dann die Masse auf ca. 40 °C abkühlen lassen, in die Eismaschine geben und nach Geräteangaben das Eis herstellen.

6 Kurz bevor das Eis fertig ist, Kirschen und Schokosplitter portionsweise in die Eismaschine geben.

7 Die Masse aus der Eismaschine nehmen und sofort servieren – es ist dann sehr soft – oder umfüllen und im Tiefkühler aufbewahren.

8 Wer mag, kann in einer Pfanne Pistazien mit ein wenig Zucker karamellisieren, klein hacken und zum Eis servieren.

MARSHMALLOWS

Zubereitungszeit: ca. 30 Minuten + 2 Stunden Ruhezeit| Schwierigkeitsgrad: X

Marshmallows dürfen auf keiner Kinderparty fehlen. Mir schmecken sie allerdings am besten am Lagerfeuer, auf einem Stock aufgespießt und geröstet.

Für die Marshmallows
250 g Zucker oder Puderzucker
30 g Stärke
20 g gemahlene Gelatine
150 g Wasser
1 Päckchen Vanillezucker
Salz
optional: rote Lebensmittelfarbe
optional: Erdbeerpulver, z.B. von spicebar)

1 Wer keinen Puderzucker hat, zerkleinert den Zucker im Mixtopf und bekommt im Nu feinsten Puderzucker: **1 Minute/Stufe 10**

2 Den Puderzucker in eine Schüssel umfüllen, 2 EL davon abnehmen und in einer kleinen Schüssel mit der Stärke verrühren.

3 Gelatine und Wasser in den Mixtopf geben und verrühren: **5 Sekunden/Stufe 5**

4 Das Ganze dann aufkochen lassen: **3 Minuten/80 °C/Stufe 3**. Anschließend den Schmetterling einsetzen.

5 Den restlichen Puderzucker, Vanillezucker und 1 Prise Salz hinzugeben und cremig aufschlagen: **5 Minuten/Stufe 4**

6 Eine Auflaufform leicht einfetten und mit der Puderzucker-Stärke-Mischung ausstreuen.

7 Wer die Marshmallows farbig und den Geschmack fruchtig haben möchte, gibt ein wenig Lebensmittelfarbe und 1–2 EL des Erdbeerpulvers dazu und rührt die Marshmallowmasse noch einmal: **30 Sekunden/Stufe 4**

8 Die Masse in die Auflaufform geben und glatt ausstreichen. Für 2 Stunden ruhen lassen, anschließend aus der Form lösen und mit Keksausstechern Figuren ausstechen oder die Masse in Würfel schneiden. Mit etwas Puderzucker und Stärke bestäuben, damit sie nicht aneinanderkleben.

KÄSEKUCHEN
mit Apfel und Karamellsauce

Zubereitungszeit ca. 30 Minuten + Backzeit 15 + 40–45 Minuten | ca. 12 Portionen | Schwierigkeitsgrad ✗✗✗ | 28-cm-Springform

Wunderbarer, cremiger Käsekuchen trifft auf saftigen Apfelkuchen. Das Tüpfelchen auf dem i ist dann noch die Karamellsauce – butterig, karamellig, perfekt.

Für den Boden
270 g Mehl
110 g brauner Zucker
200 g Butter

Für die Käsemasse
680 g Frischkäse, natur
160 g Zucker
3 Eier, Größe M
1 ½ TL Vanilleextrakt, -paste oder Bourbonvanille

Für die Apfelmasse
3 Äpfel
½ TL Zimt, ¼ TL Muskat
2 EL Zucker

Für die Streusel
200 g brauner Zucker
140 g Mehl
35 g zarte Haferflocken
100 g Butter

Für die Karamellsauce
200 g Zucker
1 EL goldener Sirup (z. B. von Grafschafter)
120 g Sahne
2 EL Butter

1 Den Backofen auf 175 °C Ober-/Unterhitze vorheizen. Alle Zutaten **für den Boden** in den Mixtopf geben und zu einem Teig kneten: **1.30 Minuten/Teigstufe**

2 Eine 28-cm-Springform einfetten und den Teig hineingeben. Einen Rand hochziehen und den Boden auf der mittleren Schiene 15 Minuten vorbacken.

3 Den Schmetterling in den Mixtopf einsetzen. Alle Zutaten **für die Käsemasse** in den Mixtopf geben und miteinander vermengen: **1 Minute/Stufe 3**. Die Masse auf den warmen Boden geben.

4 Den Schmetterling aus dem Mixtopf entfernen. **Die Äpfel** schälen, entkernen, vierteln. Zusammen mit den Gewürzen und dem Zucker im Mixtopf klein schneiden: **10 Sekunden/Stufe 4**. Auf der Käsemasse verteilen.

5 Alle Zutaten **für die Streusel** in den Mixtopf geben und zu Streuseln verarbeiten: **45 Sekunden/Stufe 2**. Auf dem Kuchen verteilen. Den Mixtopf ausspülen.

6 Den Kuchen im Backofen auf der mittleren Schiene bei 175 °C für 40–45 Minuten backen, bis er goldbraun ist.

7 Währenddessen **die Karamellsauce** zubereiten. Dazu Zucker, Sirup und 30 g Wasser in den Thermomix geben und verrühren: **20 Minuten/Varomastufe/Stufe 1**

8 Danach Sahne und Butter dazugeben und erneut weiterkochen: **15 Minuten/Varomastufe/Stufe 1**

9 Die warme Karamellsauce auf dem erkalteten Kuchen verteilen (sie schmeckt aber auch kalt gut dazu).

IRISH
CREAM

IRISH CREAM

Zubereitungszeit: ca. 5 Minuten | ca. 600 ml | Schwierigkeitsgrad: ✗

Wir trinken nicht viel Alkohol. Mal ein bisschen zum Essen, mal ein wenig, wenn Freunde da sind oder wir im Sommer auf dem Balkon Spieleabende veranstalten. Unser Alkoholkonsum erhöht sich aber zur Weihnachtszeit. Zum einen, weil wir viel unterwegs sind und damit häufig etwas angeboten bekommen. Zum anderen trinken wir (räusper: ich) gerne Liköre. Einer meiner Lieblingsliköre ist Bailey's®, also Irish Cream: Sahnelikör mit Irish Whiskey. Am besten „on the rocks" und dann noch mit einem Schuss frischer Milch. Herrlich. Meine Mutter nimmt ihn gerne als Sauce für Eis, auch das geht. Ich muss gestehen, ich finde, dass meiner sogar besser schmeckt als das Original. Also ran an die Sachen und los geht's.

Für den Likör
1 TL Instant Kaffeepulver
½ TL Kakao
200 g (1 Becher) Sahne (mindestens 32 % Fett)
180 ml Irish Whiskey
1 TL Vanilleextrakt, Vanillepaste oder Bourbonvanille
400 g (1 Dose) gesüßte Kondensmilch (z. B. Milchmädchen)

1 Kaffee und Kakao mit 1 EL Sahne im Mixtopf verrühren: **20 Sekunden/Stufe 1,5**
2 Dann weiter auf **Stufe 1,5** rühren lassen und nach und nach die restlichen Zutaten hinzugeben.
3 Zum Schluss noch mal kurz vermengen: **5 Sekunden/Stufe 3**
4 Solltet ihr noch nachwürzen wollen, rührt das Kaffee- oder Kakaopulver mit 1 EL der Masse in einer extra Schüssel per Hand an und gebt es dann dazu. Den Likör in Flaschen umfüllen und diese kühl und dunkel lagern.

Apfel-Gurke-Kiwibeeren-
SMOOTHIE

Zubereitungszeit: ca. 5 Minuten | 2 Portionen | Schwierigkeitsgrad: ✗

Unser Power-Smoothie hat es in sich! Viel Petersilie, Gurke, Kiwibeeren, Banane, Apfel, naturbelassener Apfelsaft und eine Spur Minze! Daraus wird unser wirklich leckerer und gesunder Green Smoothie!

Für die Power
1 Banane
1 grüner Apfel (z.B. Granny Smith)
125 g Kiwibeeren (Nergi)
½ Salatgurke
1 Handvoll Petersilie mit Stängel
200 g Apfelsaft
5 Blatt Minze
5 Eiswürfel

1 Die Banane schälen und in 3 Stücke brechen. Den Apfel vierteln, entkernen und danach die Viertel einmal halbieren. Von den Kiwibeeren Stiel- und Blütenansatz entfernen, sie aber nicht schälen. Die Salatgurke mit Schale in 5 Stücke schneiden.

2 Das Obst und alle übrigen Zutaten inklusive der Eiswürfel in den Mixtopf geben und mixen: **45 Sekunden/Stufe 10**

TIPP
Wer keine Kiwibeeren bekommt, kann auch 125 g Kiwi nehmen.

MANGO-LASSI

Zubereitungszeit: ca. 5 Minuten | 2 Portionen | Schwierigkeitsgrad: ✗

Ich liebe dieses Getränk und es gibt da einen Discounter, wo es dieses auch zu kaufen gibt. Nachdem ich beim letzten Besuch jedoch wieder vor leeren Regalen stand, dachte ich mir: „Den machst du jetzt selber!" Und wie es meistens so ist, selbst gemacht schmeckt es einfach besser und deswegen hat das Rezept auch den Weg in unser Buch gefunden! Lasst es euch schmecken.

Für den Lassi
1 reife Mango
Saft von ½ Bio-Zitrone
350 g Joghurt
2 EL Honig
250 ml Wasser

1 Die Mango schälen und den Kern entfernen. Das Fruchtfleisch leicht gestückelt in den Mixtopf geben. Alle anderen Zutaten bis auf das Wasser hinzugeben und alles mixen: **15 Sekunden/Stufe 5**

2 Dann das Wasser in den Mixtopf geben und den Lassi verrühren: **5 Sekunden/Stufe 3**

Rezeptverzeichnis nach Kapiteln

Brot

Aufstrich, Senf & Sauce

Eintopf, Suppe & Snacks

Hauptgerichte

Desserts und andere süße Sachen

Getränke

Alphabetisches Rezeptverzeichnis

DANKE!

Mit diesem Werk ist einer unserer Träume in Erfüllung gegangen und es ist kaum in Worte zu fassen, wie glücklich und stolz wir darauf sind.

Es steckt nicht nur jede Menge Arbeit in diesen Seiten, sondern auch Menschen, die uns vertraut haben und denen gefällt, was wir Woche für Woche so machen und deswegen möchten wir uns an dieser Stelle bei einigen von diesen bedanken und wenn wir jemanden vergessen ... Sorry ... ;-)

Unser größter Dank geht natürlich an unsere Leser! Ohne den großen Zuspruch und unsere ständig wachsende Leserzahl wäre es wahrscheinlich nicht zu diesem Buch gekommen. Wir freuen uns wirklich über jeden einzelnen Kommentar, jedes „Like" und jede Zuschrift zu unseren Beiträgen und Rezepten. Ihr sorgt dafür, dass wir dies Tag für Tag so gerne machen und deswegen geht das größte Dankeschön an euch!

Danke aber auch an Anja, die uns vertraut hat, alle Freiräume der Welt gelassen hat, dass dieses Buch so geworden ist, wie wir uns das gewünscht haben. Es hat Riesenspaß gemacht, mit dir Zusammenarbeiten zu dürfen und es hätte besser nicht sein können. DANKE!!!

Aber auch unsere Partner, die uns immer wieder aufs Neue Vertrauen und unsere Ideen mitmachen und uns dabei unterstützen. Dank euch, konnten wir uns weiterentwickeln und der Blog und auch dieses Buch ist so, wie es jetzt ist.

Danke Simone (Villeroy & Boch), Flo (Netto Markendiscount), Sebastian (Berndes), Andrea und Selina (Severin) und Kai (Spicebar) um nur Einige zu nennen! Vielen Dank für euren Input, eure Unterstützung und auch das Vertrauen, dass ihr uns schenkt!

Last but not least möchten wir uns bei unseren Familien bedanken. Ohne die gäbe es nämlich so manch' lustige Geschichte rund um unsere Rezepte nicht. Wir freuen uns auf noch viele weitere mit Euch!

Impressum

ISBN 978-3-8094-3758-1

2. Auflage 2019

© 2017 by Bassermann Verlag, einem Unternehmen der Verlagsgruppe Random House GmbH, Neumarkter Straße 28, 81673 München. **In der 1. Auflage erschien das Buch mit dem Titel „Unsere besten Rezepte für den Thermomix®.**

Die Verwertung der Texte und Bilder, auch auszugsweise, ist ohne Zustimmung des Verlags urheberrechtswidrig und strafbar. Dies gilt auch für Vervielfältigungen, Übersetzungen, Mikroverfilmung und für die Verarbeitung mit elektronischen Systemen.

Umschlaggestaltung: Atelier Versen, Bad Aibling
Innengestaltung: kreativsatz Nadine Thiel, Baldham
Herstellung: Elke Cramer
Rezeptfotos, Foodstyling, Styling sowie Autorenfoto: Theres und Benjamin Pluppins
Coverfotos: depositphotos (romrodinka), Theres und Benjamin Pluppins
Bildredaktion: Sabine Kestler
Projektleitung: Anja Halveland

Die Ratschläge in diesem Buch sind von den Autoren und vom Verlag sorgfältig erwogen und geprüft, dennoch kann eine Garantie nicht übernommen werden. Eine Haftung der Autoren bzw. des Verlags und seiner Beauftragten für Personen-, Sach- und Vermögensschäden ist ausgeschlossen.

Sollte diese Publikation Links auf Webseiten Dritter enthalten, so übernehmen wir für deren Inhalte keine Haftung, da wir uns diese nicht zu eigen machen, sondern lediglich auf deren Stand zum Zeitpunkt der Erstveröffentlichung verweisen.

Satz: kreativsatz Nadine Thiel, Baldham
Reproduktion: Mohn Media Mohndruck GmbH, Gütersloh
Druck und Bindung: DZS Grafik, Ljubljana

Printed in Slovenia

FSC www.fsc.org
MIX
Papier aus verantwortungsvollen Quellen
FSC® C106600

Verlagsgruppe Random House FSC® N001967

Für das Gelingen und die Anwendungshinweise der Rezepte und Zubereitungen ist der Verlag, nicht die Vorwerk Deutschland Stiftung & Co. KG, Geschäftsbereich Thermomix, verantwortlich.